# MÉTHODE
## de
# LECTURE

## EN DOUZE TABLEAUX

### à l'usage

## DES SŒURS DE LA CHARITÉ DU S.-C. DE JÉSUS.

ANGERS,
LAINÉ FRÈRES, IMPRIMEURS-LIBRAIRES,
Rue Saint-Laud, 9.
—
1868.

# MÉTHODE
de
# LECTURE
EN DOUZE TABLEAUX

à l'usage

DES SŒURS DE LA CHARITÉ DU S.-C. DE JÉSUS.

ANGERS,
LAINÉ FRÈRES, IMPRIMEURS-LIBRAIRES,
Rue Saint-Laud, 9.
—
1868.

# PREMIER TABLEAU.

## PREMIÈRE PARTIE. — ORTHOGRAPHE RÉGULIÈRE.

### SONS SIMPLES
Formés d'une ou deux lettres.

| a | e | é | è | i | o |
|---|---|---|---|---|---|
| A | E | É | È | I | O |

u  â  ê  î  ô  û

ou  an     in  on  un

---

a  o  e  u  è  i
è  ou  â  on  î
un  ê  in  û  ou

---

### ARTICULATIONS SIMPLES
Formées d'une ou deux lettres.

| b | p | d | t | v | f |
|---|---|---|---|---|---|
| B | P | D | T | V | F |
| g | c | z | s | j | l |
| G | C | Z | S | J | L |
| m | n | r | ch | gn | ill |
| M | N | R | | | |

### RÉCAPITULATION

e  c  a  b  é  f  è  j  g

ch  o  l  m  u  n  r  s  i

ill  p  v  t  z  â  ê  gn  d

---

### SONS ARTICULÉS

ab  ac  ad  af  al

ar  as  ib  ic  id

if  il  ir  is  ob

---

oc  od  of  ol  or  os

ub  uc  ud  uf  ul  ur

us  ouc  ouf  our

## DEUXIÈME TABLEAU.

*Réunion des articulations et des sons.*

**SYLLABES.**

| | | | | | | | |
|---|---|---|---|---|---|---|---|
| b a | b e | b é | b è | b i | b o | b u | b an |
| d a | d e | d é | d è | d i | d o | d u | d an |
| j a | j e | j é | j è | j i | j o | j u | j ou |
| v a | v e | v é | v è | v i | v o | v u | v in |
| g a | » | » | » | » | g o | g u | g an |
| l a | l e | l é | l è | l i | l o | l u | l un |
| ch a | ch e | ch é | ch è | ch i | ch o | ch u | ch ou |
| gn a | gn e | gn é | gn è | gn i | gn o | gn u | gn on |
| ill a | ill e | ill é | ill è | ill i | ill o | ill u | ill in |

| | | | | | | | |
|---|---|---|---|---|---|---|---|
| pa | pe | pé | pè | pi | po | pu | pou |
| ca | » | » | » | » | co | cu | cou |
| ma | me | mé | mè | mi | mo | mu | min |
| ta | te | té | tè | ti | to | tu | tun |
| na | ne | né | nè | ni | no | nu | nan |
| sa | se | sé | sè | si | so | su | san |
| ra | re | ré | rè | ri | ro | ru | ron |
| cha | che | ché | chè | cho | chu | chou | chan |
| gna | gne | gné | gnè | gni | gno | gnu | gnou |
| illa | ille | illé | illè | illi | illo | illu | illin |

## SYLLABES

*Formées d'une articulation et d'un son articulé.*

| b ac | b ar | b il | b ouc | b ir | b ur |
|------|------|------|-------|------|------|
| d ac | d ar | g ol | g ar | d il | d ir |
| d or | l ac | d ur | v ac | l ar | v il |
| v ol | l ir | l or | t our | m ac | m ol |
| t or | p ar | t ir | s oc | s ac | j ouc |
| l ac | b ar | g ol | d or | b ac | b ouc |
| b ur | v ol | s oc | d ir | m ol | t or |

### MOTS.

| pa pa | a zur | car pe | jou jou | lé gu me |
|-------|-------|--------|---------|----------|
| fa de | mè re | dé cor | bon bon | or du re |
| pi pe | ur ne | cal me | jour nal | do ru re |
| ru de | ca nal | bè che | dé tour | sar di ne |
| pi re | ca nif | bor ne | bor gne | bi no che |
| zé ro | bi che | ju pon | zig zag | ba ta ille |
| bo bo | cor de | bi jou | gour de | mir li ton |
| lu ne | ul ve | ca non | bour don | car na val |
| sa pin | ar me | rou te | ma man | ba ta illon |
| ri val | ra me | jar din | tar ti ne | cor ni chon |

| | | | | |
|---|---|---|---|---|
| ami | joujou | borgne | domino | binoche |
| café | bèche | bobine | tartine | arbalète |
| fade | route | bonbon | sardine | bourdon |
| papa | porte | détour | chemin | marmite |
| lune | décor | jupon | maman | manchon |
| pipe | partir | canon | journal | vacarme |
| robe | rival | savate | étourdi | cardinal |
| larme | rame | caillou | armure | mirliton |
| poche | carpe | salade | fourche | madame |
| borne | biche | carmin | mouillé | carnaval |
| urne | canif | gourde | charbon | charlatan |
| rude | bande | fouille | fortune | bataillon |
| zéro | cheval | parole | manchon | cornichon |
| orbe | jardin | dorure | amiral | demande |
| ulve | sapin | vipère | canapé | parchemin |
| mère | arme | galère | légume | panorama |
| canal | corde | zigzag | ridicule | marmelade |

## TROISIÈME TABLEAU.

### PETITES PHRASES.

Mon chaton a dormi sur mon dodo, on garde un dindon rôti pour le dîné, René sera puni, le moulin tourne vite, gare à Médor, s'il avale ma tartine, une loche a couru sur mon joli gazon, maman me dira un conte, Adèle ira à l'école, papa lira son journal, ma tante m'achètera un joli domino, mimi a mordu ma sardine, le cheval galope sur la route, Armande va dormir, Emile chantera une chanson, papa me fera lire lundi.

---

La petite Nanine fera une couture, le mouton a bêlé, Adeline a déchiré la poche de ma robe, le coucou chantera, on a lavé la porte du salon, la cavale légère bondira, une vipère a mordu Jérôme, papa a tordu le cou à ma poule, Firmin pêche à la ligne, on a tiré le canon pour la fête, Léontine a jeté sa pelote à la tête d'Irma, on va la punir, évite la colère, je m'écarte de la foule, l'étourdi a égaré son carton, la mouche vole.

---

On garde un dindon rôti pour le diné, ma camarade a tenu sa parole, gare à Médor s'il avale ma tartine, maman me dira un conte, le cheval galope sur la route, mon chaton a dormi sur mon joli dodo, papa lira son journal, mimi a mordu ma sardine, mon réséda a été volé, Adèle ira à l'école, le moulin tourne vite, l'étourdi a égaré son carton, ma tante m'achètera un joli domino.

---

Adeline a déchiré la poche de ma robe, on garde un dindon rôti pour le diné, le vigneron cultive sa vigne, ma camarade a tenu sa parole, la vache a la marche lourde, gare à Médor s'il avale ma tartine.

On a bâti une cabane solide, maman me dira un conte, la pêche mûrira, le cheval galope sur la route, j'évite le tumulte, la petite méchante ira à la porte, Sara danse sur la corde, mon chaton a dormi sur mon joli dodo, l'orme de mon jardin a revêtu sa parure, la caille chante.

---

## QUATRIÈME TABLEAU.

*Articulations et sons composés.*

SONS COMPOSÉS.

| ia | ié | iè | io | ui | ian |
|---|---|---|---|---|---|
| ion | oi | oui | oin | iou | ua |

| b ia | b ié | b iè | b io | b ui | b ion |
|---|---|---|---|---|---|
| d ia | d oi | d iè | d io | d ui | d oui |
| v ia | v ié | v io | v oi | v ion | v ian |
| f ia | f ui | f oi | f iè | f oui | f oin |
| p ia | p ié | p iè | p io | p ui | p oin |
| s ia | s ié | s ui | s ion | s oi | s oin |
| t ia | t ié | t iè | t ui | t oui | t ion |

| bia | bié | biè | bio | bui | bion |
|---|---|---|---|---|---|
| dia | doi | diè | dio | dui | doui |
| via | vié | vio | voi | vion | vian |
| fia | fui | foi | fiè | foui | foin |
| pia | pié | piè | pio | pui | poin |
| sia | sié | sui | sion | soi | soin |
| tia | tié | tiè | tui | toui | tion |

é t ui    sui te    r ua de    p ia no    f oui ne
l oin     j ui ve   b iè re    m oi tié   j.oin tu re
l ion     f io le   t ia re    p ié ton   sou p iè re

---

étui    suite    ruade    piano    fouine
loin    juive    bière    moitié   jointure
lion    fiole    tiare    piéton   soupière

---

### ARTICULATIONS COMPOSÉES.

bl    br    cl    cr    fl    fr    gl    pl    pr    dr
vr    st    sc    scr   sp    spl   ps    gr    x

---

bl a    sc a    scr u    cl a    br an    fl an
dr a    dr e    x i      gl u    spl in   br in
fl a    fl é    sp i     pl u    gl on    pl an
pr a    pr é    fr i     pr o    gr ou    pr ou
st a    ps i    ps u     x e     gl oi    fr oi
tr a    tr o    scr o    br i    br ui    tr ou
vr a    vr i    cl u     gl o    fr ui    bl oui

| | | | | | |
|---|---|---|---|---|---|
| bla | sca | scru | cla | bran | flan |
| dra | dre | xi | glu | splin | brin |
| fla | flé | spi | plu | glon | plan |
| pra | pré | fri | pro | grou | prou |
| sta | psi | psu | xe | gloi | froi |
| tra | tro | scro | bri | brui | trou |
| vra | vri | clu | glo | frui | bloui |

---

| | | | | |
|---|---|---|---|---|
| fr è re | br i de | su cr e | gl oi re | br an che |
| fa bl e | li br e | fl è che | gr an de | fr oi du re |
| ju st e | st è re | tr ou pe | gr ou pe | dé tr ui re |

---

| | | | | |
|---|---|---|---|---|
| frère | bride | sucre | gloire | branche |
| fable | libre | flèche | grande | froidure |
| juste | stère | troupe | groupe | détruire |

## CINQUIÈME TABLEAU.

PETITES PHRASES.

Le lion a la démarche fière, le fripon se cache, on le découvrira, on a semé du trèfle, la malade a la fièvre, la clématite décore le mur du jardin, Antoine a pêché une grenouille, le marin mania l'aviron, mon frère a retrouvé son écritoire, la discorde ruine la charité, une maxime utile.

---

Je porte de la viande à la malade, l'étoile du matin se lève, le pélerin porte un costume noir ou brun, le lion a la démarche fière, la discorde ruine la charité, on a semé du trèfle, la malade a la fièvre, mon frère a retrouvé son écritoire, Antoine a pêché une grenouille.

**

L'ingratitude révolte une âme noble, le lion a la démarche fière, je porte de la viande à la malade, le marin mania l'aviron, l'étoile du matin se lève, Antoine a pêché une grenouille, le pélerin porte un costume noir ou brun, son activité lui a valu une fortune, la discorde ruine la charité, Victoire ignore sa route, Ursule va la conduire.

---

Épargne une larme à ta mère, on pavera la grande cour du monastère, Victorine écrira une épître à son frère, le sol se couvre d'une riche parure, Adèle sera régulière à venir à l'école, Emile conduira la voiture, il la ramènera lui-même, je brode un mouchoir de poche, une rixe a éclaté.

---

Le sol se couvre d'une riche parure, épargne une larme à ta mère, Caroline a une santé frêle, délicate, on pavera la grande cour du monastère, je brode un mouchoir de poche, Victorine écrira une épître à son frère, le fanfaron se vante, le malade demande du bouillon.

---

Emile conduira la voiture, il la ramènera lui-même, le malade demande du bouillon, épargne une larme à ta mère, Adèle sera régulière à venir à l'école, on a coupé une branche de mon romarin, Caroline a une santé frêle, délicate, Nicole lira le chapitre douzième de son livre, on pavera la grande cour du monastère, Martine a la figure malpropre.

---

## SIXIEME TABLEAU.

PETITES PHRASES.

La cloche tinte, la chèvre broute, la grive vole, Gustave a grandi, la rivière coule, l'arbre s'incline, la dame brode, le cochon grogne, prête-moi ta plume, le lion secoua sa crinière, garde la loi divine, la mouche monte à la vitre, Léon fera-t-il la charité? Oui, le pape porte la tiare

---

Le lion secoua sa crinière, la cloche tinte, le cochon grogne, la rivière coule, la mouche monte à la vitre, la chèvre broute, prête-moi ta plume, la grive vole, garde la loi divine, Gustave a grandi, le pape porte la tiare, la dame brode, la plante s'étiole, relève ta chevelure blonde, Léon fera-t-il la charité? Oui.

Le pin son chan te sur la bran che, il a bu du ra ta fia, la pi tié con so le, on cri ble ra le blé, Ma xi min a u ne ta che de suif sur sa man che, mon on cle a re trou vé sa ta ba tiè re d'or, son in di scrè te pa ro le le fe ra pu nir, mon pa pa se livre à l'a gri cul tu re, Ju sti ne m'a vo lé ma bou cle de ru ban.

---

Il a bu du ratafia, la pitié console, le pinson chante sur la branche, Justine m'a volé ma boucle de ruban, on criblera le blé, mon papa se livre à l'agriculture, Maximin a une tache de suif sur sa manche, son indiscrète parole le fera punir, mon oncle a retrouvé sa tabatière d'or, maman a conclu un marché, le glouton a volé du sucre, l'ivrogne a dormi sur le chemin.

\*\*\*

Le bloc de marbre a été travaillé, on a dépouillé le scrutin, le poltron a fui, la charmante Nina touche le piano, Blanche a un costume ridicule, André retourne à l'école, l'apôtre prêche la foi, la fouine a tué ma poule, madame demande son écrin, la soif le dévore, notre père a été malade.

---

La rivière déborde, le tigre a dévoré sa victime, le Pontife a ôté sa mitre, le piéton trouve la route pénible, l'ouragan soulève le sable, le monde a été créé, il finira, le crime a été puni, la colère du roi éclate, l'été sera favorable à la récolte, un animal farouche a franchi la muraille, le zèbre a la taille élégante, l'infortuné a couché sur le foin.

## SEPTIÈME TABLEAU.

DEUXIÈME PARTIE — ORTHOGRAPHE IRRÉGULIÈRE.

*Lettres qui changent de valeur.*

| | | | | | |
|---|---|---|---|---|---|
| Ordinairement | e | devient è | devant une consonne | échec. |
| — | s | — z | entre deux voyelles | chose. |
| — | t | — s | devant ion | action. |
| Toujours | g | — j | — e i | juge | gîte. |
| — | c | — s | — e i | celui | cidre. |
| Souvent | x | — gz | | exil. |

re plet   a mer    ver tu    ac tuel   ciel
blou se   ro se    ra soir   Loui se   a lo se
fi ction  na tion  lo tion   no tion   ra tion
gran ge   a gir    gê ne     gi ra fe  gé mir
Cé ci le  ce la    ci me     ce ri se  ci ca tri ce
e xal te  e xi gu  e xi ge   e xor de  e xa mine

### PHRASES.

L'é tour di a a che té un ci tron pour u ne o ran ge, l'E ter nel a cré é le monde, il le conserve et le gouverne à son gré, le prince a exilé ton père, voilà un procédé étrange, l'Evangile sera prêché sur toute la surface du globe, on examinera avec soin son ouvrage, le criminel sera exécuté sur la place, la rose parfume, l'Eglise subsistera malgré la persécution, Angèle a une constitution débile, Ecoute la douce parole de ton bon ange.

———

On a pêché une alose d'une grande taille, le coupable sera exilé, l'étourdi a acheté un citron pour une orange, écoute la douce parole de ton bon ange, l'Eternel a créé le monde; il le conserve et le gouverne à son gré, Angèle a une constitution débile, la cerise rougira.

———

La miséricorde divine s'exerce

sur le monde, l'amour national anime son courage, le lièvre retourne à son gîte, la parole du Juge suprême sera infaillible, la Vierge divine me couvre de son amour maternel.

---

Le ver mange la racine de la plante, la miséricorde divine s'exerce sur le monde, on punira la petite indocile, l'amour national anime son courage, l'élève sage recevra une récompense pour gage de ma satisfaction, le lièvre retourne à son gîte, le sage méprise la vanité de ce monde pour courir à la recherche de la vertu, la parole du Juge suprême sera infaillible, le général a signalé son courage à la prise de la cité, la Vierge divine me couvre de son amour maternel, Louise récitera la prière du diocèse.

---

## HUITIÈME TABLEAU.

SONS ET ARTICULATIONS

*Exprimés par de nouveaux signes.*

*eu* et ses équivalents *œ, œu.*

| | | | |
|---|---|---|---|
| jeu | œuf | œu vre | dou ceur |
| peu | vœu | creu se | pa steur |
| feu | bœuf | de meu re | dou leur |
| a veu | cœur | œilla de | cou leur |
| ne veu | sœur | œille ton | chan teur |
| jeu ne | peur | cou leu vre | mi neur |
| fleu ve | fleur | ma nœu vre | pê cheur |
| peu ple | œillet | chan teu se | la bou reur |

Le fleu ve a dé bor dé, le feu brû le, Vi cto ri ne a trou blé le jeu, le bon Dieu a bé ni son peu ple, ma sœur man ge ra un œuf, mon frè re a par ta gé son dé jeû né a vec un a veu gle, l'œ illet par fu me, mon ré sé da a fleu ri, gar de ton cœur pur, j'a dmi re le ciel bleu, ma mè re a pleu ré de dou leur, la fleur se flétrira, son vœu l'oblige à partir pour Rome.

Le bon pasteur a prêché son peuple, soulage ton frère, ce sera une œuvre agréable à Dieu, j'admire le ciel bleu, une couleuvre a traversé le jardin, le pêcheur dormira sur la grève, le laboureur récolte son blé, le bœuf retourne à l'étable, un désœuvré resta sur la place, le bon Dieu a l'œil fixé sur toi, le pêcheur se creuse un abîme, le fleuve débordera, amène ta sœur à l'école, le voleur a été mené à la prison.

| | | | |
|---|---|---|---|
| s | s'écrit aussi par | ç | fa çon. |
| f | — | ph | phos pho re. |
| c | — | k qu | al ka li, qua tre. |
| i | — | y | sy stème. |
| y | entre deux voyelles vaut | ii | no ya de (noi ia de). |

| | | | | |
|---|---|---|---|---|
| gar çon | le çon | fa çon | a per çu | fa ça de |
| pha se | pha re | phé nix | sphè re | Jo seph |
| ki no | quê te | bri que | ki lo | ka li |
| myr te | ju ry | ty ran | lo yal | vo ya ge |

On a coupé une branche de myrte, la fleur ne dure qu'un jour, le malade traverse une phase critique, le mystère sera dévoilé, le marin dirige son navire à la clarté du phare, le voyageur a parcouru un kilomètre, prête-moi ton poinçon, l'animal féroce s'élança sur sa victime et la dévora, une comète a paru; on a regardé et admiré ce phénomène, Ursule lira une phrase toute seule.

---

Pharaon persécuta le peuple de Dieu, le manœuvre a mal servi le maçon, il sera congédié, l'élève écoute une leçon de physique, le noyé a été retrouvé, Babylone a été détruite, prête-moi ton poinçon, Dieu protége la veuve et l'orphelin, l'animal féroce s'élança sur sa victime et la dévora, une comète a paru, on a regardé et admiré ce phénomène, on a coupé une branche de myrte.

## NEUVIÈME TABLEAU.

(*Suite du Tableau précédent.*)

è s'écrit aussi par ai, ei,    pla*i* re, re*i* ne.
ô — au,    f*au* te.
an — en, am, em,  *len* te, j*am* be, *em* pire
in — im,    t*im* bre.
on — om,    *om* bre.
ill — il, ll, l,    ma *il*, fi*lle*, mi *l*.

---

*ai* gre   *pei* ne   pla*i* ne   *pei* gne   fa*i* re
*au* be   *jau* ne   *mau* ve   *tau* pe   *pau* vre
*men* tir  *am* ple  *em* ploi  *tren* te  *am* bre
*im* pur  *im* bu  s*im* ple  *im* pair  *im* po li
s*om* bre  t*om* be  b*om* be  n*om* bre  p*om* pe
tra va*il*  si *llon*  vri *lle*  ba bi*l*  a vri*l*

---

**PHRASES.**

Le vieil ar bre a é té cou pé. La rei ne sou la ge le pau vre. On a creu sé u ne tom be. Le pa pi llon vol ti ge. L'em pi re de la ver tu l'em por te sur ce lui du

vi ce. La cu rieu se se ren dra im por-
tu ne. On a bri sé l'im po ste. L'a bei lle
pom pe le suc de la fleur. Le bail de
no tre fer me fi ni ra le qua tre a vril. La
re li gieu se e xer ce la cha ri té. Le men-
son ge dé gra de. Le ne veu por te un
co stu me pa reil à ce lui de son vieil
on cle. Quel é tran ge pro cé dé de vouloir dé plai re au bon Dieu pour com-
plai re à u ne vi le cré a tu re.

---

L'empire de la vertu l'emporte sur
celui du vice. La petite Nina a visité la
chaumière du pauvre et a soulagé sa
misère. On a brisé l'imposte. Quel étrange
procédé de vouloir déplaire au bon Dieu
pour complaire à une vile créature. La
religieuse exerce la charité. La curieuse
se rendra importune.

---

Le cœur de la pe ti te fai né an te
re pré sen te u ne vi gne en fri che. Le

ma çon a pra ti qué un œil de bœuf au mur de sa ca ve. La pau vre men dian te se cou che à l'om bre d'un chê ne. Le tu yau de la pom pe a é té rom pu. La mo de ste jeu ne fi lle se ca che pour fai re l'au mô ne.

---

Il y a là une quantité de fenouil. Le cœur de la petite fainéante représente une vigne en friche. Écoute le conseil de ta vertueuse mère, ma fille, il te sera salutaire. Le maçon a pratiqué un œil de bœuf au mur de sa cave. Le Sauveur du monde a été crucifié sur le Calvaire. La pauvre mendiante se couche à l'ombre d'un chêne. On aime un cœur simple et candide. Le tuyau de la pompe a été rompu. Le bon Dieu déteste le mensonge. La modeste jeune fille se cache pour faire l'aumône. Le travail procure de l'aisance à la famille. Florence a le visage vermeil.

## DIXIÈME TABLEAU.

*Autres signes équivalents et lettres nulles.*

(Les lettres rouges ne se lisent pas.)

| | | | | |
|---|---|---|---|---|
| er | se prononce | é | à la fin des mots | por tie*r*. |
| ez | — | é | — | ne*z*. |
| en | — | in | dans un grand nombre de mots | lie*n*. |
| e | — | a | dans quelques mots | fe*m*me. |
| x | — | s | — | soi*x*an tième. |
| x | — | z | — | deu *x*iè me. |
| u | — | o ou | — | fo r*u*m, équa *l*eur. |
| w | — | ou | — | *W*a gram. |
| e | — | ê | dans | le*s*, de*s*, e*s*t, me*s*, te*s*, se*s*. |

| | | | |
|---|---|---|---|
| ô te*r* | lie*n* | fe*m*me | al b*u*m |
| ti re*r* | bie*n* | so le*n*nel | mi ni*u*m |
| o se*r* | chie*n* | soi *x*an te | mu sé*u*m |
| pli e*r* | sou tie*n* | Bru *x*e lles | ma xi m*u*m |
| ai me*z* | Ju lie*n* | Au *x*e rre | mi ni m*u*m |
| na ge*z* | ven dé e*n* | deu *x*iè me | lau da n*u*m |
| ar me*z* | e *x*a me*n* | di *x*iè me | a q*u*a ti le |
| por te*z* | eu ro pé e*n* | si *x*iè me | q*u*a tuor |

Une plante aquatique, la solennité de la Pentecôte, la ville de Bruxelles, un entretien utile, une femme vertueuse, un nombre quadruple, suivez la route du bien, le caractère vendéen, aimez Dieu ardemment, le deuxième jour de janvier, admire le lever et le coucher du soleil, une femme laborieuse est le soutien de sa famille.

***

Lettres nulles à la fin des mots.

L'ajonc fleurit, le criminel fut conduit à l'échafaud, le cours du fleuve, Jules a mal au doigt, les canards volent sur l'étang, le loup sort du bois et dévore la brebis, il a reçu un coup de poing dans le flanc, le renard a fait un bond en avant, pense souvent à la mort, le cheval a pris le mors aux dents, le rat mange la noix.

***

Un banc de sapin, le camp de nos

ad ver sai res, un champ de riz, un a vis sa lu tai re, un ex pé dient in gé- nieux, le temps de l'Avent, un gros bourg, un bon choix, l'é ten dard de la croix, un mau vais fils, dou ze francs, l'a vo cat in tè gre, le bord de son vê te ment, du vin doux, le fond du va se, des che veux blonds.

---

La nuit étend son voile, un grand rond, le galop du cheval, un nœud de ruban, un nid de pinson, le pont d'Orléans, un pot de lait, un refus formel, un laid garçon, ton pouls bat trop fort, un puits profond, le parvis du temple, vendre à juste poids, les maîtres enseignent, surveillent, obser- vent, décident, les élèves étudient, récitent, lisent, écrivent, chantent, font des devoirs.

---

## ONZIÈME TABLEAU.

*Lettres nulles au commencement, dans le corps des mots ou à la fin.*

(Toutes les fois que dans un mot, deux consonnes semblables se trouvent réunies, la première ne se lit pas.)

H (1) (ache).

Un arbre touffu, le mois d'août, le jour du Sabbat, un fameux rabbin; une somme de vingt francs, un habit commode, la colonne de marbre, la ville de Laon, une fortune colossale, la colline verdoyante, une motte de terre, être accablé de malheur, accroître son patrimoine, la bulle du Pape, un morceau de pain, l'empreinte du cachet, une douleur feinte, boire un verre d'eau, l'aigle s'élève à des hauteurs prodigieuses, l'hirondelle vole avec rapidité.

Saint Bernard était abbé de Clairvaux, le mal s'aggrave, la flamme monte, la fauvette nous charme, le lierre s'attache au mur qui lui sert

---

(1) Dire aux élèves que cette lettre s'appelle *ache*, et qu'elle est, ou tout-à-fait nulle, ou aspirée. Leur faire comprendre ce que signifie ce mot aspirée, en prononçant un mot où *h* s'aspire, par exemple, *la haine*.

d'appui, l'hectogramme vaut cent grammes, ne diffère jamais d'accomplir une bonne action, le paon s'admire, la reconnaissance trouve toujours écho dans un cœur bien né.

La Saône joint le Rhône à Lyon, l'homme cherche le bonheur, le malheureux a une voix suppliante, l'honneur passe avant l'intérêt, la faim fait sortir le loup du bois, Zoé a eu la fièvre, le peintre achève son tableau; Julie a fait un accroc à sa robe, le malade se plaint, le méchant craint la mort, les hommes sont faits à l'image de Dieu, les moineaux habitent sous nos toits.

### FRAGILITÉ DE LA VIE.

Les hommes passent comme les fleurs qui s'épanouissent le matin et qui le soir sont flétries. Vous-mêmes, chers enfants, vous-mêmes, qui jouissez maintenant d'une jeunesse si vive et si féconde en plaisirs, souvenez-vous que ce bel âge n'est qu'une fleur, qui sera presque aussitôt séchée qu'éclose! Vous vous verrez changer insensiblement : les grâces riantes, les doux plaisirs, la force, la santé, la joie, s'évanouiront comme un beau songe ; il ne vous en restera qu'un triste souvenir ; la vieillesse viendra rider votre visage, courber votre corps, affaiblir vos membres, faire tarir dans vos cœurs la source de la joie, vous dégoûter du présent, vous faire craindre l'avenir, vous rendre insensibles à tout, excepté à la douleur.

Ce temps vous paraît éloigné. Hélas! vous vous trompez, il se hâte, le voilà qui arrive ; ce qui vient avec tant de rapidité n'est pas loin de nous, et le présent qui s'enfuit est déjà loin. Ne comptez donc jamais sur le présent ; mais soutenez-vous dans le rude sentier de la vertu par la vue de l'avenir. Préparez-vous, par des mœurs pures et par l'amour de la justice, une place dans l'heureux séjour de la paix.

## DOUZIÈME TABLEAU.

LECTURE COURANTE.

UNE BONNE RÉSOLUTION.

Lisa était une petite fille de votre âge, mes enfants; elle allait à l'école comme vous, mais elle n'apprenait rien. Les bonnes Sœurs en étaient désolées et se voyaient obligées de la punir souvent.

Pourquoi Lisa n'apprenait-elle pas. Vous le savez, c'est qu'elle ne le voulait pas. Lorsque les élèves à genoux faisaient la prière, Lisa ne priait pas. Quoiqu'elle eût une belle voix, elle ne chantait pas non plus le cantique à la bonne Vierge; ou si elle chantait, elle ne pensait point à sa Mère du ciel. A quoi pensait-elle? Au jeu.

Pendant la leçon, Lisa se dissipait et cherchait à dissiper ses compagnes. Quand venait le moment du catéchisme ou du calcul, les élèves attentives répondaient bien; mais Lisa, toujours prête à babiller mal à propos, avait alors la bouche close ; elle se cachait le visage dans ses mains ou se couchait sur la table. Voulait-on la faire écrire, elle trempait ses doigts dans l'encre, en répandait sur ses habits et barbouillait sa page.

Une telle conduite était déplorable, n'est-ce pas ? Oui, bien déplorable, et je suis sûre, qu'en ce moment, chacune de vous se dit : Je ne voudrais pas ressembler à Lisa. Vous avez raison. Eh bien ! écoutez la fin de mon histoire.

La maîtresse annonça qu'elle allait donner des récompenses. En effet chacune des petites filles sages et attentives reçut une belle gravure. Vous le devinez bien, Lisa s'en alla les mains vides ; mais ce que vous ne devinez peut-être pas, c'est que ce jour-là, elle eut honte d'elle-même, et cette honte lui fut salutaire.

Il lui vint une bonne pensée : Mes compagnes sont plus heureuses que moi, se dit-elle. C'est fini, désormais je veux être sage, obéissante et studieuse; et en disant cela, elle demandait à la sainte Vierge et à son bon ange de venir à son secours.

Lisa rentra donc chez elle un peu triste; mais pourtant consolée par la bonne résolution qu'elle avait prise. Le bon Dieu est si bon! Toujours il nous envoie la joie quand nous nous déterminons sincèrement à faire le bien.

Le lendemain Lisa revint à l'école, récita pieusement sa prière, et étudia sans tourner la tête. La leçon fut bien lue ce jour-là et les autres devoirs bien accomplis. A partir de ce moment, il en fut toujours de même, si bien qu'à la première distribution de récompenses, Lisa avait la plus belle. Elle était joyeuse alors.

Souvenez-vous-en bien, mes enfants, l'homme ne peut être heureux qu'en accomplissant ses devoirs, c'est-à-dire en faisant la volonté de Dieu.

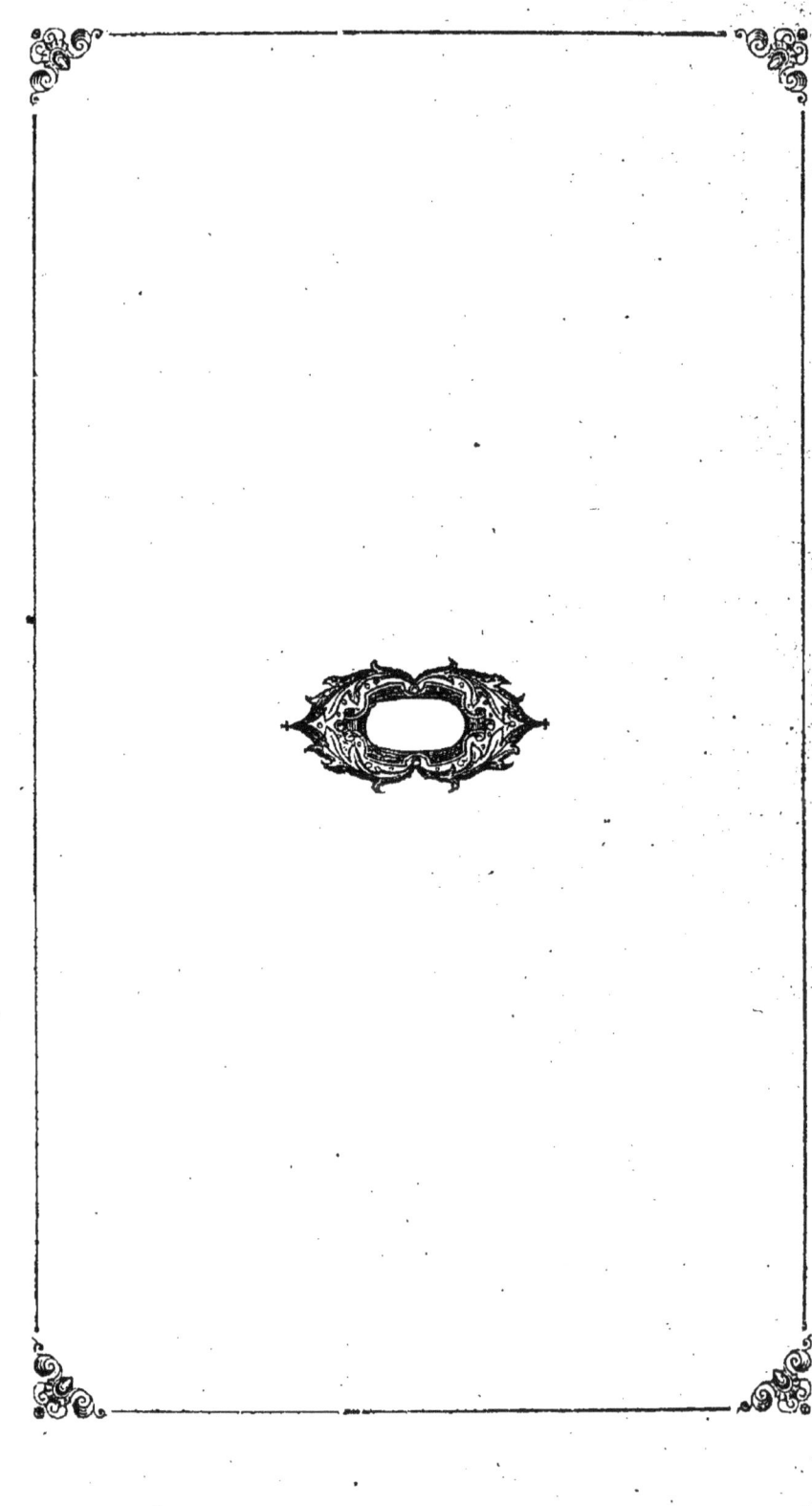

www.ingramcontent.com/pod-product-compliance
Lightning Source LLC
Chambersburg PA
CBHW061009050426

42453CB00009B/1345